L'attente se décompose

La terre s'effrite et libère ses arômes acidulés

Parfum d'une tristesse ambrée

Quel est le parfum qui émane du silence?

Son baume habille les mystères de tes silencieux
intervalles

Le temps présent, tel un émerveillement

A la senteur de l'offrande présentée par l'imprévu

Propose une page blanche où tracer l'espace

Diffuse les saveurs d'un palais non encore forgé

Chante la partition des notes égarées sur les ondes inconnues

Caresse les touchés déconcertants sur les rondes colline

Cette ombre secrète

Qui hume la vapeur qui émane de mon geste

Qui esquisse les contours de mes effleurements à
peine tracés

Qui entend la musique des mots susurrés

Qui savoure le buffet servit par mon enthousiasme
et mon affection

Qui perce les intervalles entre mes discrètes
nuances

Dans quelle colline as-tu creusé la tanière qui
l'abrite?

Saupoudrer d'une essence singulière et délicate les fragilités

Saupoudrer d'une essence singulière et tendre les désirs

Saupoudrer d'une essence singulière et douce les attentes

Une essence rare, admirable… authentique

Une essence qui embaume l'amitié

À l'aube ce sont éveillées cinq pétales blanches, fines et délicates

Disposées autour d'une tige à la manière d'une hélice

Prêtes à propager au loin des effluves subtiles aux nuances de jasmin

Entends-tu le souffle de mon désir ?

Les pas de mon absence immobile ?

Le chuchotement de mes paupières ?

Le bruissement de mes pas feutrés ?

La vibration du vide de cette sombre nuit

Mes pensées ont traversé la nuit avec grand vacarme

Se cognant sans cesse aux parois de mon coeur

Épuisées, elles se sont étendues dans les flaques du silence

Pour laisser émerger le son de ton absence

Nourrie par tes lointaines et lucides paroles

J'y ai cueilli la musique qui berce l'incontournable temps qui passe

Lorsque nos paroles se seront envolées

Nos mains nous raconterons la beauté des doux et
rugueux chemins dessinés sur nos corps

Nos yeux illumineront les nouveaux désirs qui
viendront colorer nos pensées

Nos bouches se poseront dans les creux laissés par
nos temps de lentes et tendres patiences

Nos oreilles cueilleront le bruissement des canards
qui se laisseront nonchalamment glisser sur l'eau

Nos sens s'émerveilleront de la beauté d'une
flamboyante soirée d'hiver

Nous sentirons alors la fragrance du vide qui nous
invite à flotter sans agir

Dans le silence

Vibrent les pas contournés

Tremblent les gestes ébauchés

Susurrent les paroles évitées

À la manière d'une caresse d'un brouillard étincelant

Pleine de sincérité

Sans jamais se cogner

Une bulle danse allègrement dans l'espace

L'espace du silence est vide, des peurs denses et tassées bloquent la porte

L'amour, baigné d'indulgence s'enroule autour des gongs de la porte, pour les enduire de patience

Seules les notes de musique, aux nuances cristallines se faufilent lentement et nonchalamment dans les interstices

Soudain, la digue cède sans aucun fracas et suggère un passage, esquisse un chemin, vers un rivage inattendu, insoupçonné

L'autre rivage de l'espace du silenc

Un clignement des yeux

Le temps passe vite

Il passe où?

Il va où?

Questions intemporelles au temps qui passe

Des larmes tièdes ruissellent sur mes joues

Se brûlent au contact de ma douleur

Se consument lentement sur les braises de
l'interminable temps qui passe

Nonchalamment l'eau s'évapore et dépose le sel de
mon amour pour la vie

Les bruits se crient très fort les uns sur les autres

L'avion cri au train

Le train à la voiture

La voiture à la moto…

Lentement l'écho du silence arrive

Entre dans son royaume

Se déploie paisiblement tout en savourant
intensément le bruit du silence

Une nuit en points de suspension…

Cernant des intervalles de silence

Espérance de traits francs et sans ambages

Depuis très longtemps en son fort intérieur

Le bruit de son talent a trouvé sa demeure

Un souffle déplace ses mains

Sans mission elles modèlent, façonnent

La beauté d'un élégant surgissement

Le ruisseau dessine une partition

La saupoudre de ses tonalités aquatiques

Les cigales placent leurs choeur de cymbales

Les arbres le murmure de leur chuchotement

En suspension sur l'instant

Un concert saisissant et inattendu offert par la
nature

Le ruissellement de ta délicate présence

Le tintement des questions suspendues à tes yeux verts

Espace réduit entre ta dense et chaude main posée sur la mienne

Juste un chemin à parcourir

Où chaque pas a sa propre valeur

Où chaque goutte de vérité lavera nos pas détournés

Où chaque erreur fera briller nos traces

Flotter dans l'océan de nos peurs aux différentes couleurs

Donner des nouvelles teintes aux fils tressés jour après jour

Oser un camaïeu de tendres caresses pour envelopper nos craintes

Soirée d'hiver, le ciel a choisi de se colorer de pépites fruitées

Il nous propose une traînée de glace aux groseilles

Posée sur une traînée d'oranges fondues

Appuyée sur une traînée de délice au zeste de citron

Éclatant nuancier de teintes aux touches acidulées

Jour après jour se déploient les pétales de l'orchidée

Elles se laissent pénétrer par la tendre chaleur du jour

Dévoilent leur cœur safran tacheté d'ombre

Caressent mes yeux de leurs éclats violacés

Offrent leur fragilité pour faire oublier leur résistance

Nos yeux verts dessinent un pré bordé d'eucalyptus

Labourés par nos fertiles différences

Ils laissent éclore un vaste parterre de possibles

Je glisse sur la patinoire de mes émotions

Contourne ma tristesse

Dessine des cercles autour de mes hésitations

Marque des arrêts en équilibre sur mes doutes

Saute titubante sur ma joie

Et me repose enfin, sur le rayonnement de son sourire

Tu colories les phrases comme si tu peignais un tableau

Par petites touches posées délicatement sur d'autres larmes de peinture

Arrosées par le pigment de tes certitudes

Colorées par les soupçons de tes indécisions

Caressées par les nuances de ton estime

La nuit et les oiseaux, émergent de leur nid

Rayonnent la lumière et les mélodies d'une

naissante journée printanière

Un jour d'avril

Réveillés par le tintamarre venant de la terre

Les flocons de neige ont commencé leur gracieuse farandole

Ils ont couvert les plaines et les collines avec la poudre du silence

Les épaisses pétales s'écartent

Offrent leur berceau au cœur de l'orchidée qui lentement se déploie

Les jeunes corolles trouvent leur place au soleil

Révèlent leurs éclatantes pétales l'une après l'autre

Désirent fortement la lumière qui fera étinceler leur beauté naissante

Ébauche d'une journée printanière

Le ciel disposait d'un filet de peinture bleue

Diluée, la couleur révéla ses nuances

Le ciel se vêtit alors d'un remarquable dégradé

Une nouvelle petite orchidée ouvre ses pétales et s'offre à la lumière

Nous rappelant ainsi que le temps présent se renouvelle à chaque instant

Sous le regard bienveillant de ses aînées

Le dernier bouton a déployé sa corolle flamboyante

Achèvement d'une éblouissante éclosion

Aurore d'un nouveau départ

Les flocons de peupliers détrônent les flocons de neige

Rebelles, ils refusent de se déposer immédiatement au sol

Les chatons préfèrent dessiner des artistiques arabesques

Tourbillonner allègrement sans but à atteindre

Osciller langoureusement dans un espace illimité

Épuisées néanmoins enchantées par leurs farandoles

Les graines soyeuses se déposent délicatement en dessinant un tapis blanc

Le papillon et l'œillet d'Inde ce sont parés des mêmes nuances

Loin de leurs similitudes, n'est ce pas leur mystère qui les rapprochent ?

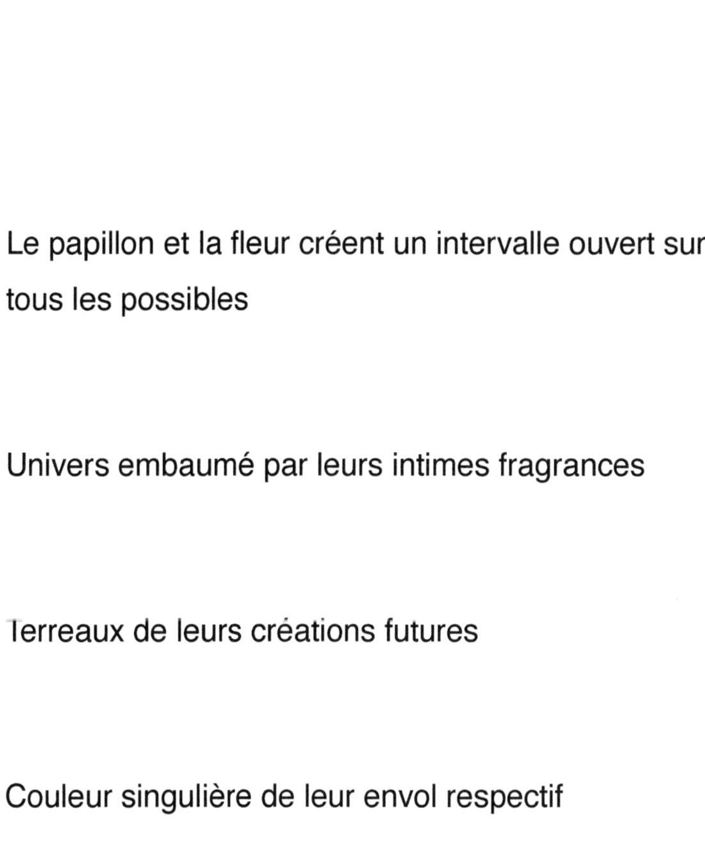

Le papillon et la fleur créent un intervalle ouvert sur tous les possibles

Univers embaumé par leurs intimes fragrances

Terreaux de leurs créations futures

Couleur singulière de leur envol respectif

Tout doucement je marche vers toi

Me rapproche près, tout près de toi

Tu t'échappes pour me permettre de ne pas te
perdre

Pour que je puisse encore et encore me mettre en
chemin vers toi

Sans jamais t'atteindre complètement

C'est ainsi que tu m'offres ce mystère qui t'habite

Mystère que toi même ne connais pas

Au creux d'une plante discrète, silencieuse

Aux feuilles assez larges, légèrement sombres

Pointe son nez une tige verte

Arborée de quatre bourgeons à la forme et couleur
de flamme

Lentement les pétales se déroulent pour former de délicates coroles

Teintées d'un jaune orangé se diluant jusqu'au blanc

Fermant leurs paupières sur le vert pâle qui les soutient

Étincelante offrande de l'art de fée nature

Les mots amers s'envolent très vite

Roulent dans le miel pour adoucir leurs piquants éclats

Et se posent sans fracas dans l'espace crée par mon sourire

Des temps vides d'échos à mes murmures

M'ont fait descendre au centre de mes résonances

À l'endroit où le goût sucré se mélange aux gouttes amères

Pour révéler le sel de nos duos exquis

La transparence, quand elle ose sa présence

A le son de sa texture fragile

Et la saveur forte de ses révélations

Elle invite à méditer sur la beauté de sa délicate et précieuse existence

Douceur de ton toucher

Piment de nos rencontres

Silences sucrés de nos croisements

Vapeurs abandonnées par nos essences insoumises

L'eau des désirs

Ralentie par les barrières de corail des inquiétudes

Tourbillonne autour des algues d'amertumes

Se glisse langoureusement sous les coquilles d'une tiède et délicate chaleur

Trace sereinement l'accès à une mer indescriptible et insolite

Dans laquelle voguent des épicées, moelleuses et savoureuses offrandes

Une gorgée de mate chaude et amère

Glisse dans ma gorge

S'entrelace avec les souvenirs d'une douce enfance lointaine

Tisse une tresse délicieuse des saveurs présentes et passées

Le jus des mots agressifs a une saveur acide

Celui des mots injustes a une saveur amère

Celui des mots tendres a une saveur douce

Celui des mots ardents a une saveur piquante

Celui des mots coquins a une saveur salée

Invitation à un dialogue qui se métamorphoserait en un présent

Offrir un bouquet de mots variés à savourer tel un cocktail de jus frais

Arrêt sur un délicieux équilibre

Instant où la saveur de toute chose est sublimée

Soif d'une bascule vers une transformation créatrice
et bienfaisante

Suspension préalable au jaillissement d'un radieux
devenir

Les dents craquèlent la peau feutrée

Glissent dans la chair moelleuse

La saveur sucrée avec une larme d'acidité inonde
les papilles

Le jus frais caresse les lèvres, glisse
langoureusement dans la gorge

Instant saisi pour délecter les jaillissements de cette
savoureuse cascade

Gober tendrement l'aurore

Peindre ses lèvres avec le soleil levant

Plonger dans le ciel chamarré

Vivre la métamorphose multicolore de chaque instant

Ta perspicacité a discerné mes tiraillements

Tes yeux ont effleuré mes impasses

Ta délicate prévenance a assouplit les mailles de
mes alternatives

Mage qui a changé le relief des saveurs

Mage qui a allongé le fil du précieux temps qui
passe

Mage, où as-tu lancé le temps ?

Effleurement des mots sur mes lèvres charmeuses

Frêle caresse de la vibration de ma joue glissant sur ta joue

Soupir de nos délicieuses découvertes

Concert de nos fresques intimes

Ta main à la chaleur intense et voluptueuse

Glisse et plonge sur les rondeurs de mes hanches

Sculpte le réveil de mes intuitions sensibles

Dénude mes nuances de femme

Pour faire naître le désir

Froide journée d'hiver

Le soleil effleure la montagne

À la cime et aux pieds de sa sculpture

Délicatement, il contourne son centre

Là où se camoufle le cœur de sa sagesse

Une pincée d'effleurements

Ni trop près ni trop loin

Ni trop grands ni trop petits

Un «à peine» juste pour frémir

Si tu poses un jour, un tendre baiser sur mes seins

Pour qu'il garde toute sa chaleur

Je l'envelopperai avec la douce écharpe que je tisse
avec le fil du temps qui passe

Terre d'argile, terre glaise

Modèlent la forme à leur image

Façonnent leurs désirs à leur senteur

Cisèlent leur ressentis à leur rythme

Attisent les anciennes branches sèches

Installent leur sculpture face au vent

Savourent calmement la transparente lueur

Qui émane de leur délicate œuvre cristalline

Une journée grise et printanière

Le chat ne quitte pas son manteau de fourrure

Insouciant, il trottine et galope dans le champ,
affronte les bourrasques

Hume les vides laissés par des passages incertains

Disparaît conscient des rencontres improbables

En équilibre sur un nuage...

Mes mains ont dessiné attentivement les sommets
et vallées des montagnes

Mes yeux ont peint délicatement les arbres d'un vert
intense

Mes lèvres ont coloré méticuleusement les fleurs
d'un rose éclatant

En guise d'offrande les étoiles ont fait scintiller mon
sourire

Entre nos bustes enlacés

Une intense vibration a inondé le mince interstice esquissé

L'oiseau a pris entre ses ailes le nuage

L'averse a cessé

L'oiseau s'est envolé

Dans le ciel immense, l'émotion s'est égarée

Lorsque mes yeux caressent la beauté

Ils inondent mon cœur d'un frémissement

Chuchotements d'une discrète suspension

Ton petit bras tendu vers le ciel

Comment toucher le ciel, le nuage, la lune ?

Tu peux les caresser avec tes yeux

Les bercer avec ton souffle

Les embrasser avec ta joie

Voyager vers eux à cheval sur ta tendresse

Ta main posée délicatement sur ma tête

Insuffle à mes cheveux des mélodies de tendresse

Embaume tout mon corps de l'arôme du désir

Irradie mon sourire de cet instant teinté d'une délicieuse intimité

Besoin annoncé d'un lent cheminement sans silhouette

Une vitesse frôlant par moments l'arrêt

Impuissante face au non exprimé

Je dilue suavement l'intensité jusqu'au silence

Ultime protection avant le vide

Présageant que tout va passer

Une libellule danse sur des petits points de suspension…

Habillée par des notes de musique, elle jubile, frissonne

Fragile, heureuse de sa vulnérabilité, elle dégage une force inébranlable

Balance…balance

Peine et sourire

Éloge au continuel balancement entre deux
éphémères

La réussite

Fille de l'intuition et du temps

Corps qui s'emplit d'une lumière épaisse forte et
rieuse qui nourrit chaque cellule

Cœur qui rayonne et diffuse sa douceur

Je m'éveille d'un long sommeil sans possible retour

Pas à pas sur les roses

Je vais où m'attends le bonheur

Ici… pas loin… sur chaque rose.

Mes yeux sont verts…

Quelle est la couleur de mon regard ?

Une goutte

Coule sur ma peau

Tombe dans mon cœur

Se fond dans mes profondeurs

S'immobilise

S'installe

S'affine

Offre l'essence de cette goutte qui perle ta peau

Offre cette larme d'élixir qui dévale le centre de ton être

Offre cette puissante présence à l'éternité

68

Ne bouge plus

Dans l'ombre naît et grandit ta profondeur

Attend sans attendre

Ne cherche pas la lumière, elle réside dans ton abandon

Ne la saisie pas, elle s'effriterai dans tes mains

Dans le creux de ta douceur se construira son nid

Dans le creux de ton corps se construira son désir

Dans le creux de ton accueil se construira sa confiance

Dans l'espace créé par le vide se rencontreront vos amours

Assise sur un tas de mots

Oubliés, égarés, omis, cachés…

Je me laisse bercer par la musique du silence des mots

FSC
www.fsc.org
MIXTE
Papier issu
de sources
responsables
Paper from
responsible sources
FSC® C105338